도반의 시 05
동봉스님 편

음펨바Mpemba 효과

머리글

나의 시집 처녀작
음펨바 효과
말씀言의
사원寺을 일러
시詩라고 표현했던가

시詩는
산소와 같아
눈에 띄지 않지만
언제나 함께하고 있지
다만 느끼느냐 아니냐일 뿐

Aechmea fasciata
에크메아 파시아타
꽃말이 '만족'
조화인 듯
이쁘다

Mpemba Effect

음펨바 효과의

출산 도우미

그리고

함께하는

모든 이들에게

만족의 꽃을 드린다

차례

제1부

그냥

그냥

그냥
생각이 난다

그냥
모습이 보고 싶다

그냥
마음이 그립다

그냥
당신의 모든 게
아무런 이유도 없이

그래서
눈을 감는다

그냥 눈을 감아요

아무래도
설렘 때문에
잠이 안 올 것 같다고요
그냥 눈을 감아요

아무래도
그리움 때문에
잠이 안 올 것 같다고요
그냥 눈을 감아요

아무래도
미움 때문에
잠이 안 올 것 같다고요
그냥 눈을 감아요

아무래도
치미는 화 때문에
잠이 안 올 것 같다고요
그냥 눈을 감아요

설렘도
그리움도
미움도
치미는 화도
착착 개어
머리맡에
살포시 놓아두고
그냥 눈을 감아요

밤

누군가가

내게
전화를 걸어 주는
벗이 있다는 것은
멋진 즐거움입니다

내게
관심을 가져 주는
친구가 있다는 것은
강종거리고 싶은 기쁨입니다

내게
궁금증을 느끼게 하는
이웃이 있다는 것은
다시없는 행복입니다

내게
보내 온 글을
차분한 마음으로

읽어나갈 수 있음은
내가 외롭지 않음입니다

가끔은
그래, 가끔은
밥은 잘 챙겨 먹느냐
안부 물을 곳이 있음은
내게 사랑이 있음입니다

내가
기쁠 때
우울할 때
얘기하고 싶을 때
톡talk을
보낼 곳이 있음은
그간 잘 살아왔음입니다

나는
그러기에
즐겁고
기쁘고
사랑이 있고
외롭지 않고
정말로 폼나는 사람입니다

나 또한
누군가에게
어쩌면 참으로
참으로 멋진 친굽니다

어지러운 질서

오랜만에
음악을 느낀다.
음악은 듣는 게 아니라
그냥그냥
혼신으로 느끼는 거다
구스타프 말러의
천인교향곡을 느낀다

클래식을 느껴본 게
우와! 이게 얼마 만이냐

악기 배치는
순을 따른다
객석이 있는 곳을
앞쪽이라고 할 때

무대
앞쪽에서부터

첫째 줄에
우선은 바이올린
비올라 첼로 베이스
그리고 무대
뒤쪽으로 갈수록
목관악기
금관악기
타악기 순이다

덩치가
작은 녀석들이
다시 말해
현악기가 앞줄에 위치하고
덩치 큰 악기들은
뒤에 배치된다

물론 피아노는
손가락으로 터치하는
타악기인 동시에
현악기라서일까
아주 한 녘에

늠름히 앉아있지만...

오늘은
괜스레 울적하여
클래식에 푹 빠져본다
언제부터인가
음악 장르에서
심포니가
클래식이 사라졌다

슬프다
괜히 슬프다
그렇다고
팝이니
세미클래식이니
헤비메탈이니
또는 랩이니 하는
음악들이
몰가치하다는 건 아니다
그런데 왠지 슬프다

끈으로 된 현악기
나무 대롱의 목관악기
쇠붙이로 된 금관악기
아! 생명의 근원이고
뛰는 맥박의 숨결을 나타낸
인류 최초의 타악기

오케스트라는
어지러운 질서다
나는 바로 거기서
나는 바로 이들에게서
나는, 나는, 나는,
이들 어지러운 질서 속에서
생명의 장엄한 율려律呂를 듣는다

아, 아름다운
참으로 장엄한
삶의 사이클이여
고귀한 생명의
맥박이여, 맥박이여!

깨끗한 구업-1

입안에는
무수한 미생물이 산다
그냥 몇 마리가 아니라
몇백억 마리가 넘는다

입안에는
무수한 언어가 산다
우리나라 사람들이
표현해 내는
우리의 말만이 아니라
할 수 있는 모든 소리
생각의 언어가 산다
수백억이 아니라
아마 수천억이 넘을 거다

입안에는

수많은 웃음이 산다

수많은 울음이 산다

입 안에는

수많은 맛과

수많은 향기와

수많은 냄새가 산다

입안에는

철학이 살고 있고

종교가 살고 있고

역사와 문화가 살고 있고

경제가 숨쉬고 있고

교육이 꿈틀대고 있고

예술이 살아가고

살아 있고

살아 있고

살아 있고 etc.,

물론

죽어 있기도 하다

죽은 미생물

죽은 언어

죽은 소리

죽은 맛

죽은 냄새

죽은 향기

죽은 웃음

죽은 울음

죽은 생각

죽은 철학

죽은 역사

죽은 문화

죽은 종교

죽은 예술

죽은 교육 etc.,

_그리하여
입안에는 이들
살아있는 모든 것들이
각기 개인의
삶을 이끌어가고
전체의 삶을 이끌어간다

나는
오늘도
입으로, 구업으로
살아있음을 확인한다

정구업진언은
입으로 짓는 나쁜 업을
말끔히 정화시키는
그런 진언이다

하지만

정화된 구업

그러니까

깨끗한 언어

깨끗한 맛

깨끗한 생각들

긍정적인 활동을

시작하기에 앞서

자신에게 힘을 실어 주는

자기 확신의 언어다

정구업진언—

깨끗한 구업을 촉진시키는

긍정적 참된 자기최면 언어

수리수리

마하수리

수수리 사바하

깨끗한 구업-2

너와 나
우리들 모두
생명을 가진 자들이
살아가고 있는 은하는
우주 어디메쯤 있는 걸까

너와 나
우리들 모두
더불어 숨쉬며
살아가는 태양계는
어느 은하계에 속한 걸까

너와 나
우리들 모두
웃고 울고
떠들며 침묵하며
사랑하다 미워하고
배신하다 손을 맞잡고

함께 사는 지구는
이들 생명들을
안전하게 싣고
태양계 궤도 어디쯤을
그것도 시속 1,667km로
스스로 회전하면서
또한 시속 108,000km라는
놀라운 속도로 달려가는 걸까

너와 나
우리들 모두
이렇게 바쁘게 움직이는
지구촌 어느 곳에서
행복의 씨를 뿌리고
희망의 싹을 틔우고
튼실한 줄기를 솟구치고
정갈한 언어
너그러운 마음
소박한 미소의 이파리로
광합성작용을 하고 있는가

나는
알고 있다
우리는 알고 있다
깨끗한 구업으로써만이
불성을 안으로 간직한
마음의 이 한 권 경전을
읽어낼 수 있음을―

나는
알고 있다
우리는 알고 있다
아름다운 삶
완벽한 깨달음이란
보다 정제된 언어
보다 밝은 미소만이
만들어낼 수 있다는 것을―

반달 새벽별

내 좀 늦었다고
무수히 쏟아지던 별들이
그새를 못 참고
부처님 전에
먼저 예불하러 들어갔나
의리도 없이—

엊그제만 해도
한가위
둥글던 달이
자신의 절반을 덜어
부처님 전에
몸 공양하였는가
공덕이 배어있는가
절반도 참 아름답다

새벽예불 오르다
관음전 마당
오층석탑 옆에서
사진 한 컷 찍었다

반달 옆으로
무수히 많은 별이
마구 쏟아져 내리기에
킬리만자로山이 생각나
폰카로 찍었지
한데, 폰카 속 반달은
반달이 아닌 온달이 되었고
숱한 별은 하나 보이지 않네

이건 마치

그래, 바로 이거야

하고 찾지만

찾고 보면

다르게 나타나는

꼭 내 마음 같지 않나

새벽예불 마치고

법당 밖으로 나오니

찾으나 찾지 않으나

제자리 떠나지 않는 마음처럼

반달도 새벽별도

여전히 그 자리에 있다

꽃소식을 전해야겠다

그래, 오늘은
꽃소식을 전해야겠다
심은 꽃들의 소식이 아닌
자연으로 자라나 피워 낸
하얀 벚꽃들의
화사한 소식을
꽃 같은 소녀에게 전해야겠다

소녀가 달려와
순한 벚꽃으로 핀 소식을
정작 소녀는 모를 것이다

소녀는
아빠에게서
세상에서 우리 딸이 제일 예쁘다
라는 말을 듣고 자랐을 텐데
정작 자라서는
더욱더욱 더더욱

예뻐 보이고 싶은 마음에
아빠 말씀이
성에 차지 않았으리라

그런데
그 소녀가
화신으로 달려와
우리절 주변에서
하얀 벚꽃으로 피어나고 있다
이번 주말이면
아마 흐드러질 것이다

그 꽃소식을
소녀에게 알려야겠다
소녀야, 네가 바로 꽃이란다 라고.

염분비 일정의 법칙

목이 말랐다
칠흑 같은 어둠
머리맡을 더듬거렸다
바가지가 손에 잡혔고
거기엔 물이 담겨 있다
벌컥벌컥 들이켰다
아으, 꿀맛이다
그대로가 감로수다

새벽과 함께 밝음이 왔다
어둠은 완벽히 사라졌다
해골바가지가 뒹굴었다
아으, 지난밤 마신 물은
해골에 담긴 빗물이다

감로수가 아니다
구토가 일었다
원효는 깨달았다

일체一切가 유심조唯心造임을

의상, 자네만 가시게
난 당에 가지 않겠네
당에 있는 법이라면
신라에도 있을 것이고
신라에 없다면
당에도 당연히 없을 것이니
원효 스님은 깨달았다
염분비 일정의 법칙을

어제 아침
주치의가 다녀간 이후
간호사가 채혈을 했다
왼팔은 골절 때문에 그렇고
오른팔은 링거주사 중이고
그래서 발등에서
피를 뽑아야 한다고 했다

난 한참 뒤에서야
비로소 빙그레 웃었다
그래, 손등이든 발등이든
모두가 내 몸이라면
같은 피가 흐를 터 _
염분비 일정의 법칙이다

아프리카에 있을 때다
버스 전복사고로
피를 흘리는 현지인을
등에 업고 달린다
환자의 늘어진 팔에서
붉은 피가 뚝뚝 흐른다
새까만 피부에
핏빛은 어이 그리도 붉던지

얼마 뒤에야 깨달았다
사람은 피부색에 관계없이
누구나 붉은 피가 흐름을
아으, 이것이 바로
염분비 일정의 법칙이려니

행주좌와 어묵동정

행주좌와行住坐臥
다니고 머물고 앉고 눕고
어묵동정語默動靜
얘기하고 침묵하고 일하고 쉼이
모두 선이라지만
내게는
행주좌와 어묵동정이
모두 아픔입니다.

마실 물 없어
먹을 거 없어
입을 것도 없어
말라리아로
에이즈로
무더위와 모기떼로
고통받는 아프리칸들

엄청난 물난리로

집도

일터도

떠나가고

사랑하는 가족들과도

흩어져버린 필리피노들

그들을 생각하면

행주좌와

어묵동정이

결코 선일 수 없습니다

그들을 생각하면

이뭣꼬나 찾으며

수행자인 체

사는 모습이

그냥 사치라는 겁니다

어떤

돈 녀석이

행주좌와 어묵동정이

죄다 선이라고 했을까요

세상에

그런 사치스런 말이

또 어디 있단 말입니까

병상에 누워

혼자서는

몸을 뒤척일 수도

일어나 앉을 수도

제 몸뚱어리이건만

제 마음대로

눕힐 수도 없는 이들에게

그런 사치스러운 말이

통하기나 할까요

그러나
절망의 고통을 씹는 것보다
고통의 포효를 지르느니보다
생각을 절벽으로 데려감보다
암흑의 미래를 가져옴보다

다니고 머물고 앉고 눕는
그 모든 순간에도
얘기하고 침묵하고
일하고 쉬는 순간에도

진정한 아픔이 무엇이고
진정한 사랑이 무엇이고
진정한 원력이 무엇이고
진정한 슬기가 무엇이고
사람의 가치가 무엇이고
생명의 가치가 무엇이고
희망의 가치가 무엇이고
행복의 가치가 무엇이고 etc.,

그렇게
철학할 수 있다면
그 철학이 곧 선이라면
행주좌와 어묵동정이
죄다 선으로 이어지는
참 가치는 분명 있을 것입니다.

그래서
절망과 고통의 시간을
희망과 치유의 시간으로
스스로 만들어가는
참 슬기를 닦아가려 합니다.

행주좌와
어묵동정이
죄다 선이라 한
옛 선사의 말씀이
가슴 깊숙이
밀려오는 시간입니다.

아이고, 벗이었구먼!

아이고!

벗이었구먼

문수의 눈망울에

관음의 손길을 지니고

보현의 라이프스타일에

지장의 생각을 가진

나의 벗이었구먼

아이고!

벗이었구먼

큰 힘 주는

그 한마디 안부.....

총명하기는

승만 보살이고

말 없기는

유마힐이더니

오늘은

아픈 나를 위하여

석가불의 장광설이시네

아이고!

팔이 아프다

안부 묻기 팔이 아프다

그런데.....

예닐곱 군데 부러진 뼈가

서로 먼저 붙겠다

아우성이구나

이놈의 뼈들이

참한 벗의

말 한마디를 기다렸구나

말 한마디

마음 써 줌

하나만으로도 그런데

하물며..... etc.,

칫!

나도 때론

많이 외로운가 보다

멋진 친구야

멋진 친구야
그냥 왠지
네 이름 불러보고 싶다

멋진 친구야
그냥 왠지
네 얼굴 떠올리고 싶다

멋진 친구야
그냥 왠지
네 목소리가 듣고 싶다

멋진 친구야
그냥 왠지
이슬 머금은
너의 눈망울이 그립다

멋진 친구야
그냥 왠지
문풍지에 부딪는
함박눈이 보고 싶다

멋진 친구야
그냥 왠지
네가 살포시 우리는
커피향이 코끝에 스민다

멋진 친구야
그냥 왠지
네 소박한 마음이
겨울의 햇살처럼 따습다

시집

오!
친구야!
멋진 친구야!
관음을 닮은 친구야!

머피의 법칙과 깨달음

호사다마好事多魔
좋은 일에는 꼭 마장이 낀다
다마호사多魔好事
마장이 있다면 좋은 일이다

매일매일
좋은 일만 있었으면 좋겠다
언제나 어디서나
행복한 일만 있었으면 한다
그럴까
그래서일까
셀리의 법칙이 기다려진다
그런데 과연
셀리의 법칙만이 좋은 것일까

사람들은 누구나
안 좋은 일이 없길 바란다
불행이

시련과 고통이

나만큼은 비켜가길 빈다

그럴까

그래서일까

머피의 법칙을 반기진 않는다

깨달음은

셀리의 법칙보다

머피의 법칙을 따른다

정진이 잘 되는 것보다는

업보와 마장으로

시련과 고통으로

절망과 불행으로

눈물과 슬픔으로

이별의 아픔으로

잡념과 번민으로 etc.,

기도도 염불도
주력도 참선도
제대로 되지 않을 때
정진이 안 되어 짜증날 때
포기하지 않고
끝끝내 스스로 이겨낼 때
어느 날 문득
깨달음은 다가올 것이다

깨달음과
머피의 법칙의
상관관계는 참으로 절묘하다

제2부

음펨바Mpemba 효과

음펨바Mpemba 효과

제자가 물었다
"스승이시여
번뇌망상煩惱妄想 없는 수행자가
먼저 깨닫습니까?
아니면....."

선사가 되물었다
"아니면?"

제자가 말했다
"아니면~
번뇌망상이
많은 수행자가
먼저 깨닫습니까?"

선사가 답하였다

"없는 자는

없는 대로 깨닫고

많은 자는

많은 대로 깨닫느니라."

다른 날

제자가 또 물었다

"스승이시여

무념무상인 자가 먼저 깨닫습니까?

아니면....."

선사가 되물었다

"아니면?"

제자가 물었다

"아니면~ 잡념으로 꽉 찬 자가 먼저 깨닫습니까?"

선사가 답하였다

"잡념으로 꽉 찬 자가 먼저 깨닫느니라."

제자가

의아해하며 물었다

"어찌하여 그러합니까?

스승님께서는 평소에 말씀하시길

'무념무상이라는

문고리를 잡아보지 않고

어찌 깨닫길 기대하려는가?'

하지 않으셨습니까?"

선사가 답하였다.

"음펨바 효과Mpemba effect니라"

제자가
고개를 갸웃하자
선사가
벽력같이 소리 질렀다
"하알~"

그리고 다시 말했다
"알겠느냐?"

선사의 말씀이
채 떨어지기 무섭게
제자가 곧
스승의 손에서
주장자를 빼앗아
허공에 원을 그리며 물었다
"스승이시여! 아시겠습니까?"

선사가
오른손 집게를 세우자
제자가 넙죽 절하였다

캐머택시스chemotaxis

캐머=화학
택시스=달리려는 본성

이 세상에 존재하는
모든 생명은
아주 작은 미생물에서
거대한 포유류에 이르기까지
화학에 반응하면서
본능적으로 따라가든가
또는 도망치는 경향이 있지요
이를 주성走性/추성趨性이라 합니다

빛을 따라 움직이면
주광성이라 하고
전기를 따라 움직이면
당연히 주전성이라 하죠
그리고 화학을 따르면
이를 주화성이라 하는데

그렇다면 캐머택시스는
화학에 반응하는 것이겠지요?
그래서 주화성이 됩니다

늘 아침마다
비슷한 시각에
메시지/카톡/페북 중
지정된 벨이 울리면
본능적으로 반사적으로
아! 반가운 아침인사네
하며 스마트폰을 엽니다

어쩌면 이것도
하나의 관성이라 할까요?
그래요, 맞아요
정지되어 있는 것은
계속 정지해 있으려 하고
달리던 것은

계속 달려가려고 하는
관성이 맞습니다
그 시각이 한참 지나서도
아무 신호가 없다면
괜스레 불안해지는 조급증
맞습니다. 관성입니다
관성인 동시에
또한 이는 분명 주화성입니다

원체 거리가 있어서
화학반응이라 할 순 없겠지만
내 10조 개의 뇌세포
이 뉴런의 시냅스에서는
스스로 화학반응을
저 혼자 일으키고 있는 겁니다
그것이 곧 길들임입니다

오늘 아침도
안녕이라는 인사말을
문자로 전해 받으며
기다렸던 마음
살그머니 숨겨둔 채

단답형 "고마워요"로
간단하게 대답하는 이 중생
그러면서도
나는 자칭 수행자랍니다.

생명의 존엄

옛날, 어르신들은

"쏜살230km/h같이

빠른 세월"이라 했지요

한데 요즘은

광속(10억8천만km/h)으로

달려가는 세월이라 한답니다

시속 230km로

날아가는 쏜살보다는

시속 10억 8천만km로

달리는 빛의 속도가

무려 470만 배나

더 빠르다는 겁니다

요즘, 그래요

새해를 맞이한 지가

엊그제 같은데

오늘로 백일이라

벌써 사월도 중순을 바라봅니다

오늘
새벽기도 후
책을 뒤적이다가
아크로씬acrosin을 발견했지요
아크로씬이 뭐냐고요?

네. 이는
난자 껍질의
단백질 효소를 녹이는
정자 귀두에 장치된 물질
트립신Trypsin과 비슷한데요

이 아크로씬이 아니고는
난자의 껍질을
뚫고 들어갈 수가 없답니다
이게 곧
고귀한 생명의 탄생을
가능케 하는 신비지요

더욱 중요한 건
난자의 행동인데요

하나의 정자를
받아들인 뒤
다른 정자들이
아크로씬을 통해서도
침입할 수 없도록
재빨리, 아주 재빨리
아크로씬의 대항물질로
난자를 다시 감싼다는 겁니다

그런데
그 속도가
광속보다 더 빠르다니요
정말이지 놀랍지 않습니까?

오늘은
이 하나의 단어로
너무 멋진 하루를
시작할 듯싶습니다

이 지구상
모든 생명들이
다들 이처럼
너무나도
신비로운 능력을
바탕으로써 태어났고
또한 살아가고 있으니까요

소중한 시간
소중한 공간
소중한 인연

정말
눈물 나게
고맙습니다

인연계와 고립계

거시세계
이 광활한 우주
구석구석 내재하는
물질과 비물질
가스와 먼지와 구름과
숱한 은하계와
그 은하 속 별들과
중력이 하도 커서
빛까지도 빨아들이는
블랙홀이여!

그리고 그것이
저 작디작은 미시세계
세균과 바이러스
원자와 쿼크 등
표현되기 어려운 것에
이르기까지
어느 하나도

홀로 존재하는 것은
결코 있을 수 없답니다

이들은 다
인연의 끈으로
연결되어 있으니까요
그래서 나는 이를
인연계라 이름 붙였습니다

그러나
다시 한번
자세히 들여다보면
이처럼 작디작은
쿼크와 세균 바이러스 등
미생물에서부터
저 넓디넓고
크고 큰
우주에 이르기까지
모든 존재는
결국 다 홀로랍니다

그래서 나는 이를
고립계라 이름한답니다

그래서
세상은 재미있습니다
인연계와 고립계!

홀로 존재하면서도
인연관계를 떠나
설명할 수 없고
연기되어 존재하면서도
오직 홀로로서
이름 붙일 수밖에 없는
다함 없는 존재계

불교에서는
이를 법계라 이름하는데
어디, 우리 다시 한번
깊이 생각해 볼까요?

이만일천구백십오일

어머니
지금 이 시간
극락세계에서
여전히 염불삼매시겠군요
살아계실 때
자식으로서 효도 한번
제대로 해드린 적 없는데~

어머니
어렸을 땐 몰랐는데
60년이란 세월이
꽤 빠르다는 생각이 듭니다

어머니
제 생일에는 해마다
수수팥떡을 해주셨지요
옹심이처럼 생긴
예쁘고 빨간 수수팥떡

게다가 멀건하긴 하지만
섶나무에서 배어나는 연기로
흐르는 눈물과 콧물을
치맛자락으로 꾹꾹 찍어가며
섞어 끓인 미역국은
왜 또 그리나 부드럽던지

어머니
전 제 생일하면
수수팥떡과 미역국이
가장 먼저 떠오릅니다

어머니
이 지구가
태양 주위를 한 번 도는데
365일 하고도 6시간이니
어머니께서
저를 낳으신 지
태양력으로 슬쩍 꼽아보니

햇수로 60년
달수로 720개월
날짜로 21,915일
시간으로 525,960시간
분으로 치니 31,557,600분
그러고 보면
효도할 시간이
전혀 없던 것도 아니었는데~

어머니
사랑하는 어머니
어머니 앞에서
회갑을 입에 올리려니
쑥스럽기만 합니다
더욱이 이 땅 이 지구에서
바로 지금 이 순간
함께 서로 마주보며
웃음 짓지도 못하는데요

사랑하는 어머니

낳아주셔서 고맙습니다

사랑스런 어머니

키워주셔서 고맙습니다

존경하는 어머니

예순 해 전 바로 오늘

저 낳으시느라

얼마나 힘드셨어요?

어머니

서방극락세계에서

언제나

언제까지나

어머니 당신의 안위보다

불초한 이 자식 위해

영원한 무주상보시

애프터 서비스를 위해

염불삼매에 들어 계실 것을

저는 분명 믿고 있습니다

아, 어머니
사랑하는 어머니!

천 만 억의 하나님보다
천 만 억의 부처님보다
천 만 억의 관세음보다

그 어떤 분의
성스러운 이름보다
아무리 아무리
되뇌어 불러보아도
결코 싫증나지 않는 이름

어머니
아! 내 어머니!

환경에 나를 맡겨라

1.
스키어들이여!
멋진 추억을 만들어 봐요
눈 위에서 지치는 스키는
얼음에서 지치는
스케이트보다
훨씬 더 근원적이지요

난 두메에서 태어나
산골 아이로 자랐어요
사계절 내내 산은
내 가까운 벗이었고
눈내린 겨울산은
특히나 환상적이었지요
그래서 아직까지도
난 스키가 지닌 멋을
아주 조금은 알고 있답니다

그거 알아요?

스키는 과학이라는 것을
설원의 높은 곳에서
아래로 내리꽂는 스키는
위치에너지가
어느 순간
중력의 법칙을 따라
운동에너지로 바뀌는
멋진 물리의 법칙을
정말 스릴있게 느낄
괜찮은 과학 스포츠거든요

그러니
지금 이 순간
순백의 하얀 설원에서
스키를 사랑하는
멋진 스키어들이여
스키 탈 때만큼은
그 어디에도
그 어떤 것도
모두 다 접어 두고
오로지 스키에만 몸을 맡겨요

2.

갑천의 두메산골
검두 아홉살이 소년은
굴참나무를 쪼개
스키를 만들었지요
물론 난 어렸기에
형의 도움을 받았지요

내 어릴 적
꿈을 키우며 살던
횡성은 영서지방이라
대관령 동녘 영동과 달리
대나무가 자라지 않았지요
어느 날 이웃에 이사 온
또래 친구가 있었는데
고향이 태백이었지 아마?

그 친구가 들고 온 스키는
대나무를 쪼개어
불에 달구어 휘어 올렸으니
굴참나무를 쪼개 만든
결이 거친 참나무 스키보다
으아! 너무 매끄러웠지요

게다가 속이 빈
가벼운 대나무 끝을 삐쳐
대각선으로 깎은
뾰족한 스틱은
속찬 참나무 스틱보다
더 가볍고 더 단단했으니

아으!
아으!

부처님께서 말씀하셨지요

주어진 조건에 만족하라
조건을 네게 맞추려 말고
그대가 그 조건에 맞추라

설원을 지치는
멋진 스키어들이여!
스키를 탈 때는
그저 주어진 환경에
당신의 몸을 다 맡겨요

가시고기 사랑

아버지의
티 내지 않고
끝없이 베푸는 사랑은
가시고기 사랑이지요

아버지의
속으로만 흘리는
눈물 뒤 숨겨진 사랑은
가시고기 사랑이지요

우직한 표정에
뚝뚝 떨어지는 땀방울
함께 섞인 그 마음
아버지 사랑이지요

나지막한 음성
그 뒤안에 자리한
보이지 않는 그 마음

아버지 사랑이지요

이 험한 세상
한 사람으로
살아가야 하는 길을
회초리를 드시지 않고도
눈길 하나로 나타내심
바로 아버지 사랑이지요

구태여 루이 파스퇴르의
생물속생설bio genesis을
거론하지 않더라도
아버지 사랑은
참으로 참으로
눈물겨운 것입니다

아아!
나는
이제 알았습니다
아버지 사랑은
꼭 때늦은 뒤에서야
비로소 깨닫게 된다는 것을

아버지 사랑은
불가사량이라
헤아릴 수 없기에
삶을 마감하신 뒤에나
그리고도 한참 지나서
겨우겨우 알게 된다는 사실을

아버지!
아버지!
늦게 앎을 용서하소서

아버지!
아버지!

꿈나라에는 주소가 없다

소중한 친구
그녀는
지금 어디서
뭐 하고 있을까?
벼 익어가는
논두렁을 타고 거닐며
메뚜기들을 잡을까?
어쩜 어려울 게다
그놈의 농약 때문에
메뚜기가 멸족을 했을 터

호수가
바라다보이는
높은 언덕배기
어느 카페에 앉아
오른손으로 턱을 괴고
지나온 삶의 여정을
곱씹어보고 있을까

어쩜
그건 아닐 것이다
멀리, 저 멀리 있는
어느 친구 생각하느라고
삶의 여정에 대한
생각들은 잠시 접었을 게다

아니다
어쩜 그녀는
오늘 이 순간
그녀의 그 마음을
부처로, 부처로
부처님에게로 둘 것이다
그녀는 초발심 보살이니까

아니다
내 친구 그녀는
자신에게로 돌아가고 있다
완전하게 그녀 자신과
하나 되는 수행에 몰입 중이다

아니다

그녀는 지금 이 순간

그 모든 것으로부터의

일탈을 꿈꾸고 있을 것이다

그 누구도 아닌 자

그녀는 초월의 꿈속에 있다

아니다

아니다

그도 아닐 것이다

그녀는 지금

사랑을 그려내고 있다

꺼이꺼이 목울음으로

사랑을 토해내고 있다

정녕, 사랑을

외로움의 눈물로

방울방울 떨구어가며

목넘이로 삼킬 것이다

아, 그래!

꿈나라에는 주소가 없다

그리움의 속도

컬러링이 울린다
첫음절이
시작되기도 전
손가락은 이미
통화버튼을 누른다

"어디?
지금
거기가 어디라고?
벌써?"

어느새
거기까지 왔단 말인가
뒤이어 들리는 음성
"내 마음은 이미
며칠 전에 가 있었는데~"

아으!

세상에!
인류역사상
가장 유명한 물리학자
앨버트 아인슈타인이
뭘 잘못 알아도
한참 잘못 알았다

그가 말했다지
아직까지
그 어떤 것도
광속보다
더 빠른 것은 없다고

그런데
더 빠른 게 있다
빛의 속도를
훨씬 앞질러
먼저 가는 게 있다

그래, 그것은
분명 그리움이다

어느 사내의 염불

새벽 4시
아직은 꼭두입니다
병원 공용화장실에서
나지막이 흘러나오는 염불

아이고!
하나님
부처님
예수님
관세음보살님
그저 우리 아들내미 딸내미
살아 있게만 하소서
아이고!
하나님 예수님
부처님 관세음보살님~

깊은 산중에서
고요를 깨우는

도량석이 아닙니다
장독대 한 켠에
정한수 한 사발 올리고
두 손 비는 모습이 아닙니다
높은 하늘을 어루만지는
으리으리한 교회도
휘황찬란한 성당도 아닙니다

바로 여기
아픈 이들로 가득한
고통의 현장 병원에서
남들에게 들킬세라
공용화장실에서
온몸으로 느끼는 아픔

그 아픔의 절규가
나지막하지만

복도를 휘감아 나아가다
창문으로 하늘로
어둑어둑한 세상으로
아으! 저 우주로 퍼집니다

관세음보살이시여
예수님이시여
하나님이시여
아! 부처님이시여!

당신들께서 지니신
그 크나크신
자비와 사랑과
전지전능과 원력 가운데
아주 작은 부분만이라도
온몸으로 절규하는 소리에
그리고 나지막하지만
온 우주를 눈물 짓게 하는
한 사내의 염불에도
귀 기울여 주시고
이들 생명에게
희망을 나누어 주십시오

A-men
옴 아 훔 사바하

속절없다는 것은

내가
그리고 우리가
살아있다는 것은
붙박임일까
쉼 없이 움직임일까

붙박임이라면
공간은 움직이지 않지만
시간은 소비함이다
시간을 빛의 속도로
온통 까먹는 것이다
그냥 속절없는 늙음이다

공간의 움직임이
함께 어우러질 때
우린 늙음에서도
이른바 속절없음을
줄일 수 있을 것이다

금강경 일체동관분에서
부처님은 말씀하신다
지나간 마음은
이미 완벽히 사라져갔다
지금 마음은
쉼 없이 지나가고 있다
다가올 마음은
그러나 아직 오지 않았다
따라서 어떤 시간 속
그 어떤 마음도
붙잡아 둘 수는 없다

스님네를
수행자라 한다
행을 닦는 자다
행이라고 하는 것은
마음의 수련이지만
특히 몸의 움직임이다
공간 속 움직임이다

공간 속 움직임이 있을 때
광속으로 달려가던
시간 속 늙음은
공간 쪽으로 나누어져
천천히 늙어 갈 것이다
아인슈타인의
시공간 상대성 이론보다
부처님께서는
2,600여 년이나 앞서
"앉아 죽치지 마라
끊임없이 움직여라
게으르지 말고 정진하라"
말씀하셨건만

아! 나는 지금
여기 이렇게 처박혀
무엇을 하고 있는 것이냐
과거 마음은 이미 달아났고
현재 마음은 흐르고 있고
미래 마음은 아직 오지 않았는데
속절없이 늙을 것이랴!

아름다운 양자여!

아직은
검은 새벽이
채 밝지도 않았는데

어즈버
태풍의 조짐은
무겁게 밀려오고

그래
이 몸
여기 내팽개치고

광속
앞질러
친구에게로
가고 있는가

그래,

나는 분명 예서

내 현실의 자리에서

스마트폰 자판과

마주하고 있는데

나의

또 다른 나는

하마 벗에게 갔는가

아름다워라!

양자quantum여!

그 힘mechaniics이여!

떠남과 돌아감의 느낌

설렘을 기억하는가
미지의 세계로 나아감이다
내가 머물고 있는
바로 이 공간에서
다른 공간으로 옮김이다
내가 알고 있는
바로 이 인식체계에서
새로운 앎을 보탬이다
내가 만나는
익숙한 이들에게서
또 다른 선지식을 만남이다
그래서 설렘은 떠남이다

편안함을 기억하는가
이미 이전부터
알고 있는 세계로 돌아감이다
떠돌던 세계
낯선 환경으로부터

익숙한 공간으로 돌아감이다
늘 자연스레 호흡하던
내게 길들여진
삶의 시간
그 공간으로 돌아감이다
그래서 편안함은 귀소다

인천국제공항을 떠날 때
그 이전과 그 이후
꽤 오랜 시간 동안을
설렘을 담고 있었는데
이제 내 태어나
그동안 살아온 곳으로
돌아가는 이즈음에
편안한 느낌을 갖는 이가
어쩌면 나뿐만은 아닐 터

먼 훗날
내 삶을 마감하고
이 세상을 떠날 때
미지의 세계에 대한
동경과 두려움으로
한껏 들떠 설렐 것인가

그리고 다시
어떤 인연의 이끌림으로
이 사바 중생계에
그리고 이 인간세계에
윤회하여 돌아오게 된다면
그때 나는 안온함을 느낄까

어쩌면 떠돌던 곳이
오히려 고향이 되고
이 인간세계가
되레 낯선 타향이 되어
편안함이 아니라
설레임을 느끼는 건 아닐까

제3부

묵언수행

묵언수행

눈 귀 코 혀 피부 마음
빛 소리 냄새 맛 닿음 법칙
여섯 가지 감관과
여섯 가지 경계 중에
네 번째가 혀고 맛이다

왜 입이라 하지 않고
혀라고 했을까
또 왜 말이라 하지 않고
맛이라 했을까
입의 주인은
입이 아니라 혀이기 때문이다
가령 입이 있어도
만약 혀가 없으면
팔만 사천 가지 맛은 차치하고
다섯 가지 맛도 모르리라
평생 떠는 수다는 그만두고
한마디 말도 못하리라

혀의 기능은
첫째 맛을 감별함이고
둘째 말을 구사함이며
셋째 침묵/묵언이다
이 세 가지 기능 중에서
으뜸은 곧 말 없음이다

그래, 그런데
내 말 없음은 그렇거니와
나와 마음 나누는 벗이
만일 침묵 모드로 들어가면
그 절박함은 상상 밖이다

따라서 수행자는
자신을 타자화하여
자기 자신에게
절박함을 안길 필요가 있다
그것이 곧 묵언수행의 묘미다

묵언은 말을 떠남이 아니라
엄청난 말을
안으로안으로 간직한 채
스스로에게 가하는 고행이다

묵언수행
침묵하라 고행자여!
고행의 으뜸인 묵언수행을
어디 한번 제대로 닦아 보라

우주여, 우주여!

우주는
공간과 시간으로
완벽하게 짜여 있습니다
공간을 뺀
시간이 없듯
시간을 뺀 공간이 없지요

남성은
관성이기에
그대로가 시간이고
여성은
포용성이기에
그대로가 공간이지요

아내여
당신은 알고 있소
당신은 시간이 아니지만
언제나언제나
시간을 품고 있고

남편이여
그대는 알고 있소
그대는 공간이 아니지만
한 번도 공간을
벗어난 적이 없습니다

그래서
아내는 공간이고
남편은 시간입니다
그것이 우주입니다

허걱! 이런 반전이

아, 글쎄
어제는 진짜
반전이 일어났지 뭐겠소

만약
만약에 말이오
100조 개 세포에서
단 하나라도 넘으면
그 나머지
여분의 세포를
당신에게 보내려 다짐했는데

아, 글쎄
세어보니
100조 개 하고도
딱 하나
그래요 딱 하나
남는 세포가 있더라고

그래서

남은 여분의 세포 하나를

당신에게 보내려

KTX 티켓 한 장을 주문했지

그런데

어랍쇼!

늘 함께였던

나의 100조 개 세포들이

하나도 눈에 띄질 않데그려

남겨진 건

달랑 쪽지 한 장

'우린

빔beam 타고 간다

너 혼자 남아

스님 잘 모시라고'

허걱!

이런 반전이!

소녀는 나이가 아니다

울퉁불퉁한 표피
뒹굴어질 듯 뻗은 가지
가지 끝마다
앙증맞게 피어난
조조조 예쁜 매화 송이들

반망구*
적잖은 나이
사십 고갯길 너머
중반에 접어든
완숙한 여인
그 숙녀의 마음
그래, 아직은 소녀다

지금도

거꾸로 글 읽길 즐기고

다리 벌리고

가랑이 사이로 바라보는

같은 세상 달리보기에

까르르까르르

한껏 웃음 쏟아내는

그녀는 사춘기 소녀다

소녀는 나이가 아니다

* 망구望九라는 말은 아흔을 바라보는 나이란 뜻에서 붙여진
  그림움직씨의 이름씨.
  남녀 함께 쓰던 말인데 언제부터인가 할아버지가 아닌 할머
  니에게만 쓰기 시작.
  따라서 반망구는 아흔의 절반

기지개 켜는 계절

서툰봄立春에 들어선지
오늘로 벌써 4주
눈빗물雨水을 거치며
눈 녹은 빗물은 아니 내리고
미세먼지만이
온 누리를 덮었지

내일모레면
동면에 들어있던
개구리와 너구리가
기지개驚蟄를 켜리니
땅속 깊은 곳에선
파아란 새싹이 꿈틀대겠지

특히 원추리는
초봄의 허기진 배를
메우기에는 제격이라
끼니 걱정을 잊게 하는
산나물이라 하여
망우초忘憂草라 했다지

냉이와 달래
씀바귀 진한 향기가
어느새 아낙네의
콧속 깊은 곳 후각을 간질이겠지

기지개 켤 철이다
그래
우리도
기지개 한번 켜보자꾸나

산사에서의 새벽예불

산사에서의
새벽예불은
생각만 해도
정신이 맑아진다

도량석으로
도량을
조근조근 풀어놓고

새벽 범종으로
십법계와
누리를 장엄하고

새벽 쇳송으로
지옥문을 열어
산소를 공급해 주고

예불종으로
부처님 전에
예불 올린다는 신호에 이어

아! 마침내
경건의 극치
예불을 올린다

다게를 저쑤고
서가세존을 비롯하여
거룩하신
부처님과 가르침과

문수/보현/관음/지장
네 분의 큰보살님에게서
지혜와 수행과
자비와 원력을 배우고

부처님의 부촉을 받은

십대제자와

십륙나한阿羅漢과

최초 불전 편찬에 참여한

오백 명의 거룩한 모임과

천이백오십 명의

아라한들께 감사하고

인도와 중국

우리나라 불교사에 있어서

선교율禪敎律에 걸쳐

법을 전해온

티끌 수의 큰스님들과

거룩하신 교단에

생명 바쳐 귀의함은

자신을 비우는 의식의 절정

예불하는
모든 이들에게
명훈가피가 있길 바라는
간절한 염원이여!

다들 혼자 걸어가는
인생길이지만
성불만큼은
같은 날 한가지로 하고픈
예불자의 염원의 궁극
이 새벽예불을
놓칠 수는 없지 않은가

해탈문에 이르는 거룩한 길에서
선지식이 말씀하시듯
예불과 염불은
여덟 가지 길 중에서
으뜸과 버금이어라

일하라, 그러나 쉬라

그대여!
지금 일하고 있는가
일할 때는 일에 빠지라
다른 것은 하지 마라

그대여!
지금 쉬고 있는가
쉴 땐 모두를 놓으라
딴 생각을 접어 두라

일에 몰두함은
잘 쉬기 위함이요
잘 쉬는 것은
일에 몰두할 수 있음이니

수행자여!
그대 닦고 있는가
닦을 때는

닦음에만 몰입하라

그대여!
지금 쉬고 있는가
쉴 때는
화두조차 들지 마라
하물며 잡된 생각이랴

그대여!
고프면 먹으라
곤하면 자라
목마르면 마시라

고프지 않은데 먹고
곤하지 않은데 자며
목마르지 않은데 마시는 일은
수행자의 할 일이 아니다

훔메반니마옴

관세음보살님께서는
보살의 세계에서
점차 중생 세계로
자비를 드리우시니

하늘 세계 〈옴〉에서
아수라 세계 〈마〉를 거쳐
인간 세계 〈니〉로 내려와
축생 세계 〈반〉과
아귀 세계 〈메〉와
지옥 세계 〈훔〉에 이르도록
순행의 교화행을 펼치시므로
옴마니반메훔이다

그러나
인간은, 중생들은
진정 보살행을 닦는 이들은
이를 역행으로

거슬러 올라간다

〈훔〉의 세계 지옥
〈메〉의 세계 아귀
〈반〉의 세계 축생
〈니〉의 세계 인간
〈마〉의 세계 아수라
〈옴〉의 세계 하늘

범부들의 세계
가장 낮은 곳
고통스러운 지옥에서
가장 높은 곳
즐거운 하늘에 이르기까지

어느 하나도
결코 버리지 않겠다는
대승보살의
자비로운 마음가짐일 때
비로소 수행자일지니

깨달음이 소중하지만
육도를 마음에 품지 않은
제 홀로의 깨달음은
최상의 가치에는 오르지 못한다

그래서
진정한 수행자는
〈옴마니반메훔〉 육자주를
관세음보살님과 달리
거꾸로 염송하라
훔메반니마옴
훔메반니마옴

〈훔메반니마옴〉이다

오직 한 사람을 위해

언젠가 하루는
선사가 차를 끓이고 있었다
시자가 보고 여쭈었다
"누굴 위해 차를 끓이시는지요?"
선사가 답했다
"한 사람을 위해서니라"
시자가 침을 삼키며 물었다
"그게 누구입니까?"
선사가 시자를 불렀다
"시자야, 너 거기 있느냐?"
"네, 큰스님. 저 여기 있습니다."
선사는 차를 끓이다 말고
문득 일어나 조실로 돌아갔다

무인수행

《존큐》를 보셨나요

중국의 13경 중에
효경이 있습니다
인간은 인륜이란 도덕에서
비로소 인간이 되는데
그 모델이지요
바로 그 효의 개념과
효의 길과
효의 처음과 마지막을 설한
경전이 효경입니다

아들을 사랑하는
아버지의 깊은 마음이
잘 갈무리된 영화
흑인 액션배우
덴젤 워싱톤이 존큐역을 맡아
열연한 존큐!

심장 이식을 받지 못하면
생명을 이어갈 수 없다는
아들 마이크를 위해
인질극까지도 마다하지 않는
아빠의 사랑
아들에게 자기 심장을 주려
자살을 선택하는 존큐의
사랑이 담뿍 담긴 한마디

"아들아, 사랑한다
어떤 나쁜 짓도 하지 말고
착한 일은 뭐든 다 하거라
네 마음 하나 깨끗이 하는 것
이게 아빠의 충고란다
특히 엄마 말씀 잘 들어라"

아들 마이크에게 전하는
존큐의 이 한마디에서
작소鵲巢 도림道林 선사가
거유 시인 백낙천에게 설한
칠불통계七佛通戒의 말씀이
단번에 느껴지지 않나요?

효는 일방적인 게 아닙니다.
자녀가 부모에게
잘하는 것만이 아니라
부모가 자녀에게
사랑을 베푸는 것도 효입니다

그래서 효도 효 孝 자는
어르신이란 늙을 노 耂 자와
젊은이란 아들 자 子 자가
합쳐져 만들어졌지요.
어르신과 젊은이
부모님과 자녀가
서로를 열고
받아들이는 마음
그것이 바로 효입니다

아직 효경을 못 읽었다고요
아직 부모은중경을
읽어 본 적이 없다고요
존큐를 보세요

아인슈타인이 부처님을 뵙다

새로 태어났다
내 앞으로의 삶은 덤이다
끔찍한 교통사고가
나를 황폐화시켰고
넉 달 내내 울어야 했다

아파서이기도 하지만
나보다 훨씬 더 많이
다친 이들을 바라보노라면
지금도 가끔 난 울보가 된다
그래도 살아 있으니
이만큼은 행복이지 않은가

생각을 바꿨다
건강을 챙겨야겠다고
첫째는 나를 위해서
둘째는 주위를 위해서
셋째는 할 일을 위해서다

정진하고

전법하고

글 쓰고 봉사할 것이다

나는 퇴원한 뒤

매일 1,080배를 올린다

새벽에 540배(=108×5)

저녁에 540배(=108×5)

처음엔 108배 하는데

자그마치 30분이 걸렸다

지금은 15분이면 되지만

앞으로 몸이 단련되면

10분 안에 가능할지도 모른다

그럼 생각해 보자
108배를 30분에 할 때
100kcal가 소비되었다 치자
만일 108배를 10분에 한다면
108배를 9분 동안에
아니, 5분 동안에 마친다면
얼마의 칼로리가 소비될까?
그 답은 동일하다

100킬로칼로리가 소비되는데
108배를 30분에 걸쳐서 하든
단 5분 만에 하든
에너지인 소비 칼로리는
백팔배라는 질량과
속도라는 것의 제곱에 따른다

그러나

임계점을 조심해야 한다

너무 느리면 의미가 줄어들고

너무 빠르면 건강을 해친다

우리 부처님께서는

거문고 줄의 비유를 드셨다

오늘은

알베르트 아인슈타인이

나를 통해서

부처님을 뵙는 날이자

부처님께서

나를 통해

아인슈타인을 만나

그를 인가하시는 날이다

삼천배 발원문

과거의 즈믄 부처님
미래의 즈믄 부처님
현재의 즈믄 부처님

부디 이 세상
모든 중생들을 살피사
자기를 바로 알고
자기를 찾게 하소서

숙생宿生에 지은 업장은 봄눈처럼 녹아지고
내생에 지을 업장은 애초부터 멀리하고
금생에 짓는 업장은 짓는 대로 모이지 않아
언제 어디서나 순수이게 하소서

과거의 즈믄 부처님
현재의 즈믄 부처님
미래의 즈믄 부처님

비록 저희 생각이

지나친 욕심이라 하더라도

저 아래 지옥으로부터

저 위 하늘에 이르기까지

중생들 바람이

뜻대로 다 이루어지게 하소서

세상을 쾌적하게 하오리이다

마음을 여유롭게 하오리이다

서로를 사랑으로 채우리이다

오늘 삼천배를 올리나이다

천배는 땅의 생명을

천배는 하늘의 생명을

천배는 땅과 하늘 자체를 위해

즈믄에 즈믄을 곱하되

즈믄 원력에 즈믄 자비를

즈믄 지혜에 즈믄 보살행을

즈믄 기쁨에 즈믄 사랑을

즈믄 미소에 즈믄 행복을

끊임없이
제곱에서 제곱으로
실천해가는
그런 세상이게 하소서

오늘 삼천배를 올리며
과거의 인연과
미래의 인연과
현재의 인연이
보다 아름답고
보다 참한
불연으로 바뀌면서
영원으로 이어지게 하소서

나무 즈믄 부처님
나무 즈믄 부처님
나무 시방 삼세 즈믄 부처님

가온봄春分 날의 반란

음력으로는 아직
이월하고 스무하루인데
양력은 어느새 3월의 하순, 21일
가온봄春分이다

어제 오후 내내
빗줄기가 오락가락하더니
저녁에는 눈으로 바뀌고
한밤엔 별이 총총
가온봄 날
새벽녘을 지나
햇살 고운 아침인데

아직 아니 녹은 눈은
스타렉스
코란도 지붕에서
무임승차로
먼 여행을 준비 중인가 보다

새벽녘 꿈을 꾸었지
느닷없이 내게 날아온 공을
후배 스님에게 던졌는데
그가 오른발을 들어
힘껏 맞받아 찼지
공은 어디론가 날아가 버리고
그가 신고 있던
검정 고무신 한쪽이 벗겨지며
높은 나뭇가지에 걸리데

그런데, 어라!
찰나간에 검정 고무신은
빠알간 등산모자로 바뀌어
모자 주인을 안타깝게 하고
모자 주인 후배는
어느새
조지훈 시인의 승무 속
나비 고깔을 쓴
비구니로 변신했는데

다시 보니

그 비구니는

검은 백조Black swan였네

난 꿈에서 생각했지

백조라고 반드시

하얗지만은 않은가 봐

까만 백조도 있는 걸 보니

가온봄 날 정취라는 게

저 하얀 눈이 진짜야

아니면 산과

나무 사이로 언뜻언뜻

보이는 검은 땅들이 진짜야

혹시 이거

가온봄 날의 반란 아니야?

관세음보살의 발

날씬하고
가냘픈 다리
예쁜 발가락

손은 마흔둘
얼굴은 열하나
수많은 중생 어루만지고
숱한 생명 두루 보살피실 때

이토록 가냘프고
예쁜 발로
이 험한 세상을
어찌 다 다니실까

우리절 관음전
마흔두 개 손
열 하나의 얼굴 지닌
관세음보살님은

새벽바람에
또 길을 나서시겠네

누가 그랬다
"발이 깨끗한 아내는
와락 안아주고 싶다" 고

관세음보살의 발
어쩌면
이리 곱고
이리도 정갈하실까!

새벽예불

청정수를 길어다가
감로다로 만들어서
삼보님께 올리오니
자비로써 받으소서

물 없는 세상
물 없는 시간
상상이 가능할까

땅 위를 흐르는 물이
겨우 3%밖에 안 되는데
땅속을 흐르는 물은
무려 97%나 된다고 한다

다시 말해
산골짜기 깊은 곳
바위틈에서 솟는 샘물
이어지는 도랑물 개울물

굽이굽이 실개천 따라
꿈틀대며 흐르는 물
크고 작은 강물
논물 연못물
여울물 호숫물
다해도 겨우 3%인데
보이지 않는 곳
땅속에서 땅속으로
가만가만 흐르는 물이 97%란다

이제 그 땅속 물들도
너무 많이 오염되어
청정수를 찾기가
힘들어진다니~ 거참!

"청정수를 길어다가
감로다로 만들어서~"

아, 청정수여!

골라 긷기도 어려운데

이를 다시

감로다로 만드는 작업이라니

광합성작용처럼

대자연의 화학기술이 필요할까

우리 몸속을

끊임없이 흐르는 물은

좀 차치하고라도

공기 중에 물이 없다면

우린 어찌 숨을 쉴까

파삭파삭

수분이 전혀 들어 있지 않는 공기

상상할 수조차 없다

그래서일까

적어도 우린 새벽예불에서도

바로

물 긷는 의식부터

예경을 시작하나 보다

물에 대해

고마운 마음 지닐 때

이미 우리는

예불이 끝난 것이리

물 분자 하나에도

이토록 고맙거늘

하물며 거룩하신 부처님이랴

아, 울보 보살이시여!

크신 사랑과
크신 슬픔의
관세음보살이시여!

어찌하여 당신께서는
크신 사랑과 크신 슬픔
두 가지를 다 지니셨나이까

크신 사랑은
견성하신 큰스님들도
지혜와 함께 지니겠으나
크신 슬픔은
오직 부처님과
대승 보살들만이
내실 수 있는 마음이나이다

크신 사랑은
마음만으로 가능하겠사오나

크신 슬픔은
필히 언어와 행동으로
나타나지 않으면 아니 될지니

결혼식에
첫돌과 생일에
합격과 취업과 승진에
온갖 경사스러운 일들에
진정으로 기리는 마음이
크신 사랑이라면
파산과 해고와 낙방
비난과 저주와
느닷없이 닥쳐온 재난에
다침과 질병과 죽음에
함께 아파하고
함께 슬퍼하며
진정으로 함께 울어주는
마음과 언어와 행동이
크신 슬픔일 것이나이다

무안수행

이제야 알겠나이다
저 묘법연화경에서
울보常啼(=常不輕)보살이
어찌하여 항상 울고 계시는지를

엄청난 고통으로
그르렁그르렁대던
병상의 환자들을 생각하노라면
꺼억꺼억 소리울음으로
나는 미쳐가는 중이 됩니다
이층으로 오르는
계단문을 살며시 잠그고
눈물 콧물 뒤섞어가며
삐질삐질 우는 것도 모자라
목놓아 울어버리곤 하나이다

시일야방성대곡
是日也放聲大哭

나는 국가는 모릅니다
나는 다만 아픈 이들의
아픈 슬픔을 슬퍼하고
슬픈 아픔을 아파하나이다

크신 사랑과
크신 슬픔의
관세음보살이시여!
묘법연화경에서
울보 보살로 몸을 나투신 이여!
아! 당신의 사랑은
크신 사랑을 넘어
크신 슬픔을 지니셨기에
이 생명 그대로
다 드려 당신께 귀의하나이다

아, 알함브라여!

내 도반으로부터
예술의 장르
하나를 선물 받았다
짐 그리나인저의
클래식 기타 연주다

신이 내리시는 곳
알함브라 궁전
엄숙함보다
짓누르는 무게보다
경쾌하고
발랄하고
감미롭고
섬세한 세계
그게 알함브라인가 보다

사람은 위대하다
그 위대하신 신을

섬세하게

감미롭게

발랄하게

경쾌하게 만들 수 있으니

저기 저 기타

어디, 어드메

저토록 감미로운 곡이

숨어있었던 걸까

저 가는 기탓줄 어디에

저토록 섬세하고

저토록 빠른 템포의 곡이

내재되었던 것일까

아니다

감미로운 저 곡은

기타하고는 상관없이

짐 그리나인저의

손가락 끝에 배어 있다가

기타를 만나 드러나는 거다

아니다
이미 짐 그리나인저와
그가 안고 있는 기타 이전에
신을 찬미하는 소리가
우주에 꽉 차 있다가
도반이 보내 준
소박한 마음과
프로그램이 하나 되어
감미로운 선율로 드러남이다

아니다
이는 내 도반이
내게 건네는
나눔의 마음 그 자체다
나는 행복하다
도반의 마음을 이토록
감미로운 선율로 느끼나니

시나브로 짐 그리나인저의
시간을 연주하던 모습을 떠올리며
새벽을 연다

제4부

죽음과의 대화

죽음과의 대화

자정을 넘었는데
시나브로 누군가가 다가온다
사위는 온통 고요일 뿐
시간의 화살만이 날며
제행무상諸行無常을 설하고 있다

"묻는다. 너는 누구냐?"
"네, 저는 죽음입니다."
"살아 있느냐? 죽었느냐?"
"네, 살아 있습니다."
"살아 있는데 어찌 죽음이더냐?"
"이름이 죽음일 뿐입니다."
"그럼 앞으로 이름을 바꿔라."
"무엇이라 부를까요?"
"살아 있으니 삶이라 하라."
"삶도 언젠가는 죽을 것인데요."

"삶은 짧고 죽음은 깁니다."

"그래서?"

"죽음으로 그냥 둘까 합니다."

"삶도 죽음, 죽음도 죽음으로?"

"삶도 죽음도 본디 하나인데 시간과 상황에 따라 달리
부르니 삶을 죽음이라 하든 죽음을 삶이라 하든 결국 같
은 것입니다."

"죽음이 정 그러하시다면

암흑이라 부르면 어떠할런지요?"

"암흑? 암흑이라~"

"암흑물질, 암흑에너지처럼요.

우주의 98%가 암흑물질과 암흑에너지입니다."

제4부

"그래서?"

"나머지 2%가 성운과 가스구름과

먼지와 별 행성 위성 혜성 따위들입니다."

"죽음과는 어떤 관계지?"

"암흑과 죽음은 같은 본질입니다."

"그러다 날이 새겠다."

"이미 새벽입니다."

"어느새 밤이 다 가고 새벽?"

"밤과 새벽도 같은 이름인데
다만 시간의 차이에 따라 달리 부를 뿐 같은 것입니다."

"무슨 뜻이 있느냐?"

"중생과 부처도 그와 같고 번뇌와 깨침도 그러하며 있음
과 없음도 이름만 다를 뿐 본질은 같은 것이지요."

죽음은 삶을 향하고
삶은 죽음을 향한다
삶은 계속해서 죽고
죽음은 끝없이 산다

149

수행정진修行精進

수修 = 닦는다는 것은
수염과 머리를 매만지듯
눈에 보이는 자신을
끊임없이 가다듬음이고

행行 = 다닌다는 것은
왼발 왼손은 자신을 위해
오른발 오른손은 남을 위해
조심스레 당당하게 옮김이고

정精 = 쓿는다는 것은
왕겨와 등겨를 벗겨내듯
행동 언어 마음가짐을
섬세하고 편안하게 함이고

진進 = 나아간다는 것은
알에서 부화된 어린 새가
첫발을 떼면서부터
날갯짓을 익혀가는 것이다

이처럼 수행정진의 뜻은

닦음은 제 주변을 닫음이고

다님은 남에게 열어 둠이며

쓿음이 닫힌계의 향상이라면

나아감은 열린계로 향함이다

닦지 않고

깨끗하기를 바라랴

다니지 않고

남을 도울 수 있으랴

쓿지 않고

부드러워질 것이랴

날갯짓 없이

단박에 날 수 있으랴

뱀발蛇足
닦다/다니다=그대로 원형동사
쓿는다=쓿다[쓸타]가 원형동사
나아가다=상황이 좋아짐의 뜻
공간적 의미 '나가다'와 다름

죽음에 대한 욕구

천하장사도
눈꺼풀 무게 하나를
이기지 못한다고 한다

재물에 대한 소유욕
이성에 대한 집착욕
음식에 대한 섭취욕
명예에 대한 성취욕
수면에 대한 죽음욕

이들 다섯 가지 욕락에
수면은 마지막이다
그러나 그 무게는
마지막이 아닌 듯하다

조개가 천년을 내리 자고도
그놈의 물소리 때문에
한 숨도 못 잤다고 하듯이

잠과 졸음이란
수행의 마장 중
거의 첫 번째로 꼽힌다

다섯 가지 욕락 가운데
앞의 네 가지는
다 삶의 욕구이거니와
마지막 한 가지
잠은 죽음에 대한 욕구다

그래서 나는 말한다
생명을 가진 모든 것들은
한결같이 삶을 사랑하지만
한편으론 죽음도 사랑한다.

죽음보의 명상

다섯 가지 욕락 중에
다섯 번째가 죽음의 욕구지만
그것은 생명에게 있어서
반드시 삶의 끄트머리에
놓이는 게 아니다

삶과 죽음은
같은 시간
같은 장소에
늘 함께 섞여 있음이다

졸린다
새벽잠이 쏟아진다
공양 끝에 슬며시 다가오는
여섯 번째 욕락

배설의 욕구를 해결하고자
매화틀에 앉았는데
죽음의 욕구는
삶 속에서 끊임없이 손짓한다

일찍 잠자리에 들다

초저녁부터 쏟아지는 잠
일찍 잠자리에 들었다
그런데 어랍쇼!
눕기는 누웠는데
잠은 어디론가 달아나고

안 오는 잠을
왜 자려 하는지
이해가 되지 않는다
그래서 일어나 앉는다

언제부터인가
낮에는 티만 입고 생활하다가
잠자리에 들 때는
승복을 주섬주섬 입는다
아프리카에 살 때는
물경! 장삼까지 입기도 했다

내가 만에 하나
자다가 숨이 멎는다면
처음 발견한 사람에게
웃옷 벗은 게 좋아 보일까
웃옷 입은 모습이 더 어울릴까

요즘 주변으로부터
우스갯소리를 듣곤 한다
만에 하나
정말이지 만에 하나
시나브로 숨이 멎고 나면
가장 먼저 할 일은
컴퓨터에 다운받아 저장한
야동을 지우는 거란다

(야동이 뭐냐고 물었더니
"스님은 사람 맞소?" 한다)

이 말속에는
사람은 숨이 멎는 순간에도

자신이 죽는다는 것을
끝내 인정하지 않으려는 것
죽음을 미리 준비함은
그래, 현명하다 할 것인가
아님, 오두방정 다 떤다 할 것인가

에라, 모르겠다
어젯밤 천팔십배 철야정진에
오늘은 일요법회를 했더니
눈꺼풀이 자꾸 내려온다
눈꺼풀이란 녀석은
중력의 법칙과는 상관이 없나
누워있는데도 자꾸만 내려온다

나는
오늘만큼은
웃옷(승복 적삼)은 벗고
쏨뿍 잠자리에 들리라
까이꺼 뭐
그리 한 번 해보는 거지

157

죽은 부의 대화

으뜸과 버금이여

당신은
나의 전체입니다
전체가
나의 당신이어요

내 사랑이
오롯하게
당신을 향해 달려감은
까닭이 없지 않으니
당신이 곧 으뜸입니다

당신 이외의
그 모두가
내게는 버금입니다
이 세상 모든 것
하늘도 그리고 땅도
하늘에서도 땅에서도
보이고 들리고

느껴지고 인식되는 것에서
당신이 빠져있다면
그것은 다 버금입니다

으뜸과 버금은
손등과 손바닥 차이라지요
그런데 이상합니다
내게 있어서는
으뜸이 전부입니다
그게 곧 당신입니다
당신을 떠난
이 세상 전부는 버금입니다

그러기에
나는 오늘도
당신의 주변이 아니라
온통 당신 자체에게
내 생명 기꺼이
뜨거운 정으로
다 던져 귀의합니다

사랑하는 이여
어여쁜 으뜸이여
나의 당신은
버금마저 초월했기에
내 귀의에 있어서
오로지 하나일 뿐입니다

당신은 내 우주입니다
당신은 내 생명입니다
당신은 내 전부입니다
당신은 내 으뜸입니다

만우절All Fool's Day

다들 하나같이 똑똑하나
하루쯤 바보가 되는 거야
스마트한 게 사람이지만
하루쯤 순진해지는 거야
사람은 어리석지 않으나
하루쯤 멍청해지는 거야

오늘은 현명해지는 거야
부처님 불러내어 맞장도 뜨고
하나님 다리 걸어 넘어뜨리고
알라님 앉을 자리 껌도 붙이고
공자님 가는 길에 올무도 놓고
그렇게 현명해지는 거야

올 풀스 데이
하루쯤은 잘난 것 접어버리자
올 풀스 데이
하루쯤은 눈높이 낮추는 거야

올 풀스 데이
하루쯤은 코믹하게 지내는 거야
올 풀스 데이
하루쯤은 목놓아 울어나 보자

지금까지 품어왔던
미운 감정은
말끔하게 탕감하는 거야
지금까지 절망했던
모든 상황은
단박에 바닥을 치는 거야
지금까지 절친했던
온갖 질병도
툭툭 털고 일어서는 거야

제4부

만우절萬愚節은
거짓말하는 날이 아니라
자기를 비우고
겸손하게 하나 되는 날이다

그리고 만우절은

당당해지는 날이다

인간이 신이나 부처보다

결코 부족하지 않음을

당당히 선언하는 날이다

마음=부처=중생

이들은 차별이 없다

이 말씀은 거짓이 아니다

시가늬 나무

지나간
시가늘
지그시 되도라보며
얼굴 가드키
미소지을 쑤 인는
살믄
행보칸 겁니다.

다가올
시가늘
넌즈시 내다보며
두 소네
힘 불끈 쥘 쑤 인는
살메는
희망이 담겨 이씀니다

지금
바로 여기서

잠까니라도

조용히 턱 괴고

명상할 쑤 인는 그런

살믄

너무나

갑찐 겁니다.

추어긔 행보꽈

미래의 희망과

이숭가늬 갑찐

살믜 나무를

살믜 뜨라게 시머요.

시새움과 식은밥

오늘은 시새움
내일은 식은밥

꽃을 시새우고
햇살을 시새우고
이파리를 시새우고
땅속에서
바위틈에서
구릉진 산골짝에서
줄기에서
가지 끄트머리에서
어여쁜 봄을
살포시 드러내는 계절
시새움清明이다

먼 옛날
모든 것을 던진
어느 참모를

제후가 된 뒤에도 깜빡했다가

그가 불타 죽은 뒤에서야

너무 안타까워

적어도 그날만큼은

식은 밥을 먹도록 했다는

식은밥寒食의 전설

장희빈

앙굴리마라 아내

클레오파트라의 시새움이

계절에도 적용되는 줄

오늘에야 알겠구나

이미 죽은 이에게도

트라우마外傷는

있을 거라는 걸 안 제후도

제후 자격은 충분하리

오늘은 시새움 등에 올라
오늘을 위해 삶의 나무 한 그루 심고
내일은 가신 분의 음덕으로
내일을 위해
식은밥 한 주먹에
인연을 노래하자꾸나

시새움에
노란 민들레꽃이
하마 빠알갛게 변했구나

168

창조주는 바쁘시다

우리 창조주께서
이 꽃 모양과 빛깔 따위는
만들어내시더라도

하루가 지나면
그만큼 더 자라는데
그리고 또 하루가 지나면
그만큼 더 시들 텐데
수정하시기가 쉽진 않으시겠지요
아니, 많이 바쁘시겠지요

그런데 정작
성장과 쇠락을 이끄는 건 세포들인데
그 숱한 세포들을
과연 언제 때맞춰 만들어 내고
또 언제 때맞춰 죽이실 것이랴!

빅뱅Big-Bang 이전에는

우주란 어떻게 생겼는가
우주란 실로 영원한가
우주란 영원하지 않은가
우주란 과연 무엇인가
이러한 문제에 대해
부처님께서 답하지 않으시면
나는 집으로 돌아가리라

부처님께서는 제자의 이 질문에
침묵으로 답하셨는데
이는 우주에 대한 답을
회피하신 게 결코 아니다
그것이 출가의 조건부였기에
단호하게 잘라斷 말씀들하신 것이다

우주의 최초 탄생은
빅뱅으로 이루어졌다는 게
자연과학계의 정설이다

현재 우주의 질량을 그대로 지닌
원자보다 작은 한 점에서
빅뱅 사건이 일어난 것이다
이는 배경 복사인 라디오파와
우주에 내재하는 헬륨 양에서
보다 확실히 증명되고 있다

기독교 사조에서는
의심을 품어서도
질문을 던져서도 안 되는
절대 금기사항이 몇 가지 있다
그 첫째가 하나님의 족보다

"하나님은 누가 만들었고
그 하나님 이전에는 과연.....?"

마찬가지로 그 사조에서는
빅뱅 이전에는 의심을 가져서도
질문을 던져서도 안 된다.
그러다 보니 빅뱅 이전에 대한
과학계의 답은 언제나 침묵이다

오히려 독화살의 비유로

자연과학에 대해서

침묵으로 일관했다고 알려진

우리 부처님께서는

우주와 사물의 실체를

네 가지 현상으로 설파하셨다

成=생성되고=빅뱅

住=유지되다=팽창

壞=줄어들어=수축

空=사라지다=빅립

빅뱅 팽창 수축 빅립 그리고 다시 빅뱅 etc.,

이 네 가지 현상은

끊임없이 반복으로 이어진다

자, 그렇다면

빅뱅 이전의 우주는

과연 어떤 모습이었으며

앞으로의 우주는

어떻게 전개되어 갈 것인가?

정지된 것은 하나도 없다

디지털 코드는 두 가지니
그것은 곧 0과 1이다

DNA 코드는 네 가지니
4염기가 그것이다
A아데닌과
T티민과
C씨토신과
G구아닌이다

불교 코드는 세 가지니
이른바 삼법인三法印이다
첫째 제행무상諸行無常이고
둘째 제법무아諸法無我며
셋째 열반적정涅槃寂靜이다

제행무상이란

곧 변화의 법칙이고

정지되어 있지 않음이다

우리가 살고있는 지구는

시속 1,666km로 자전하며

또한 시속 10만 8천km로

태양 주위를 돌고 또 돈다

지상 400km 상공에 위치한

ISS, 즉 국제우주정거장은

시속 27,720km로

지구 둘레를 부지런히 돌고 있다

90분 만에 한 바퀴를 선회한다

태양은 제 가족들을 데리고

시속 70만km로

은하 속을 이동하고 있고

이 우리 은하는 자그마치
시속 250만km라는 빠른 속도로
우주 속을 이동해가고 있다.

어디 그뿐인가
우리 은하의 중심 가까이
암흑성/블랙홀 주변의 별들은
시속 4천만km의 놀라운 속도로
태양 질량의 4백만 배나 되는
블랙홀을 중심에 두고
사건지평선을 따라 선회한다

보라!
이 지구 내에서
저 광활한 우주에서
고정된 것 고정된 곳이 있는가
모든 자연은 움직인다

생명을 가진 존재는
생로병사生老病死를 통해
잠시도 머무름없이 변화하고
생명을 지니지 않은 것들은
생주이멸生住異滅, 성주괴공成住壞空이라는
네 가지 굵직한 사건들을 거쳐
잠깐도 정지되어 있길 거부한다

이미 2,600여 년 전
부처님께서는 말씀하셨다
모든 존재는 영원하지 않다
정지된 것은 하나도 없다
다만 변화의 움직임만 있을 뿐

이것이 저 유명한
불교의 삼법인 중 첫째다

알 수 없는 일이다

도저히알수없는일이다

어떤빛깔의마음인지

알록달록한빛일까

엷은초록빛일까

연분홍빛일까

파란빛일까

잿빛일까

그대의

마음

은

아

나의

마음은

네모일까

마름모일까

동그라미일까

짧다고해야할까

길쭉하다해야할까

어떤모양의마음인지

내사정말모를일이로다

번뇌 가득한 중생이고 싶다

도반이 안부를 묻는다
"스님, 요즘 잘 있어?"
나도 무심코 대답한다
"으음, 잘 있어. 스님은?"

잘 있느냐니?
어디에 잘 있느냐는 것이며
무엇을 물은 것일까
잘 있다니?
어디에 있으며
그냥 짱박혀 있다는 답일까

도반의 안부는
'요즘'이라는 최근의 시간과
'있느냐'는 공간이 함께인데
내 답은 시간은 빠지고
그저 공간으로만 표현한다
곧 '어디'라는 것은 없이

다만 '잘 있어'라고

설마 '잘 있느냐'고 할 때
그 '있는 데'가
극락이나 지옥은 아니겠지?
축생이나 아귀도 아닐 테고
아수라도 천국도 아닐 터
그렇다면
사람 노릇은
잘하고 있느냐고 물은 걸까?

사람으로서
사람노릇 하기가 쉽지 않다
이 세상 어떤 생명도
자기를 낳아주고
보살펴 준 보금자리를
마구 해치는 짓은 하지 않는다

오직 사람만이
자기가 살아온 지구 환경을
오염시키고 망치고 있다

정말 '잘 있다'는 대답이
어울릴 수 있도록
나는 내게 주어진 삶을
내 신분에 어울리게 사는가

그래, 난 지금
어느 곳은 고사하고
어느 시간을 살고 있는가
아니, 시간과 공간은 접고라도
어떻게 살아가는 게
과연 '잘 있음'이 될 수 있을까

중생이 아프기에 보살은
그 중생과 아픔을 함께한다는

유마힐 거사님의

보살병은 앓지 못하더라도

나는 정작

지혜가 얕은 중생이잖아

중생의 아픔을

진정으로 함께 아파할 자는

보살이 아닌 중생일 터

난 다행스럽게도 중생이잖아

기왕에 중생인 거

아주 번뇌 가득한 중생이고 싶다

배터리Battery를 바꾸듯

폴더폰 배터리에 비해
4세대 스마트폰은
배터리 수명이 매우 짧다
왜 그럴까 생각해 보니
의외로 답은 간단하다

"많이 사용하니까,"
이를 다시 바꾸어 말하면
에너지 소모량의 법칙은
정확히 사용 시간에 비례한다

배터리를 바꿀 때마다
난 이런 생각을 하곤 한다
"사람의 생명 에너지도
이 배터리를 갈아 끼우듯
이리 편하다면 어떨까" 하고

디바이스 종료를 누르고
배터리를 갈아 끼우고
다시 전원을 길게 누르면
자체에 저장된 데이터가
전혀 손상되지 않은 채
고스란히 재부팅된다

아마 3년 전쯤이었지
'인 타임Intime'이란 영화를 보니
태어날 때 인간에게 주어진
기본 생명은 25년이고
(택시의 기본요금에서 땄나?)
만일 그 이후로
생명을 연장하려면
열심히 돈을 벌어
시간을 다시 충전해 두어야 한다

이를테면
블랙커피 한 잔에 4분
설탕 우유 첨가하면 7분
햄버거 하나에 3분
버스 요금 2시간
고급 승용차 한 대 59년
주택도 층수와 전망에 따라
대여 요금을 시간으로 지불한다

택시는 거리와 시간에 따라
시간 요금을 달리하는데
팔뚝 카드에서 결제가 되고
역시 팔뚝 카드 바코드에
남은 시간의 양이 찍힌다

아, 팔뚝 카드여!
바코드에 찍힌 시간의 잔여량
잔여량의 시간이 모두 다하면

단 1초의 연장도 없이
숨을 거두어야 하는 절박함이여!

여기서 난 스마트폰의
교체 배터리를 생각하곤 한다
배터리 잔여량이 5% 미만이면
통화 중에 끊기는 절박감!

시간의 비정함이여!
단 한 찰나의 짧은 순간도
결코 특별한 이유 없이는
연장되지 않는 생명의 에너지여!

어! 내 스마트폰 배터리
새벽 3시 15분에 갈아 끼우고
장장 320분을 꼬박 썼더니
어느새 또 갈아 끼울 때네
아, 배터리Battery 인생이여!

죽음과의 대화

도반의 시 05
동봉스님 편
음펨바Mpemba 효과

초판발행일　　2021년 9월 17일
시인　　　　　동봉 스님
펴낸곳　　　　도서출판 도반
펴낸이　　　　김광호
편집　　　　　김광호, 최명숙, 이상미
대표전화　　　031-465-1285
이메일　　　　dobanbooks@naver.com
홈페이지　　　http://dobanbooks.co.kr
주소　　　　　경기도 안양시 만안구 안양로 332번길 32